Patrick Rosenthal

EASY *vegan* GRILLEN

Trag Dich jetzt unter
www.vegetarisch-und-vegan.de
für unseren Newsletter ein und erhalte
zu neuen Veröffentlichungen Leseproben
und kostenlose Rezepte!

Patrick Rosenthal

EASY *vegan* GRILLEN

70 leckere und kreative BBQ-Rezepte

riva

Bibliografische Information der Deutschen Nationalbibliothek
Die Deutsche Nationalbibliothek verzeichnet diese Publikation in der Deutschen Nationalbibliografie. Detaillierte bibliografische Daten sind im Internet über https://dnb.de abrufbar.

Für Fragen und Anregungen
info@rivaverlag.de

Originalausgabe
1. Auflage 2023

Türkenstraße 89
80799 München
Tel.: 089 651285-0
Fax: 089 652096

Redaktion: Caroline Kazianka
Umschlaggestaltung: Isabella Dorsch
Abbildungen Umschlag und Innenteil: Patrick Rosenthal (Instagram: patrick_rosenthal; www.patrickrosenthal.de)
Layout und Satz: inpunkt[w]o, Wilnsdorf (www.inpunktwo.de)
Druck: Florjancic Tisk d.o.o., Slowenien
Printed in the EU

ISBN Print 978-3-7423-2416-0
ISBN E-Book (PDF) 978-3-7453-2173-9
ISBN E-Book (EPUB, Mobi) 978-3-7453-2174-6

Wir produzieren nachhaltig
www.m-vg.de

Weitere Informationen zum Verlag findest du unter
www.rivaverlag.de
Beachte auch unsere weiteren Verlage unter www.m-vg.de

Inhalt

Desserts 125

Sommerdrinks 139

Zutatenregister 156

Vegan grillen

Mittlerweile wissen wir alle, dass es nicht schwer ist, sich vegan zu ernähren. Meine langjährigen Leser*innen wissen auch, dass ich schon fast alle Ernährungsformen ausprobiert habe. Ich versuche gerne Neues und höre auf meinen Körper. Und wer das tut, wird schnell merken, was ihm guttut.

Die vegane Ernährung hat mich noch weiter angetrieben, mit Gewürzen zu experimentieren, und verleitet mich auch dazu, mehr frisches Obst und Gemüse zu verwenden. Ernährung muss und sollte Spaß machen. Und vor allem sollte sie neugierig machen. Trau dich, einfach mal Dinge auszuprobieren.

Die Grillsaison ist eine tolle Gelegenheit, um für sich und seinen eingeladenen Besuch einmal etwas Neues auf den Grill und Tisch zu bringen. So wird Grillen wieder richtig spannend.

Ich packe nicht einfach industriell gefertigte Fleischersatzprodukte auf den Rost, denn Grillen ist so viel mehr als nur Bratwurst und Co.

Es warten krosse Käse-Toasties, karibische Blumenkohl-Wings und leckere Desserts auf dich. Und natürlich dürfen Salate, Drinks und eine Menge an Soßen und Dips nicht fehlen. Das wird richtig lecker ...

Teile deinen Grillsommer gerne mit mir. Versieh deine Fotos auf den Social-Media-Kanälen mit *#vegangrillenmitpatrick*.

Ich freue mich auf dich.

Alles Liebe und einen wunderbaren Sommer

Patrick

Der richtige Grill

Grillen ist eine der beliebtesten Freizeitbeschäftigungen der Welt. Es gibt viele verschiedene Arten von Grills auf dem Markt, die alle unterschiedliche Eigenschaften und Vorteile haben.

Holzkohlegrill

Der Holzkohlegrill ist der Klassiker unter den Grills. Er besteht meist aus einem Metallgestell, einer Feuerschale und einem Rost. Zum Anzünden werden Kohle oder Briketts benötigt, die unter dem Rost angezündet werden. Der Rauch des Holzkohlegrills verleiht dem Grillgut einen einzigartigen Geschmack. Ein Nachteil des Holzkohlegrills ist, dass es eine gewisse Zeit dauert, bis die Kohle durchgeglüht und der Grill einsatzbereit ist. Außerdem kann es schwierig sein, die Temperatur zu regulieren.

Gasgrill

Der Gasgrill hat den Vorteil, dass er schnell einsatzbereit ist und die Temperatur einfach reguliert werden kann. Er besteht aus einem Metallgestell, einer Gasflasche und einem Rost. Der Gasgrill hat den Nachteil, dass er dem Grillgut nicht den Rauchgeschmack des Holzkohlegrills verleiht.

Elektrogrill

Der Elektrogrill ist ideal für Menschen, die in Wohnungen leben, in denen es keine Möglichkeit gibt, einen Holzkohle- oder Gasgrill zu nutzen. Der Elektrogrill benötigt nur eine Steckdose und ist schnell einsatzbereit. Ein Nachteil ist, dass er nicht so heiß wird wie ein Holzkohle- oder Gasgrill und daher das Ergebnis nicht so kross ausfällt.

Pelletgrill

Der Pelletgrill ist eine relativ neue Art von Grill, die immer beliebter wird. Er verwendet Holzpellets als Brennstoff. Seine Vorteile sind, dass er sehr einfach zu bedienen ist und den Rauchgeschmack des Holzkohlegrills liefert. Der Pelletgrill hat den Nachteil, dass er relativ teuer ist und spezielle Pellets benötigt.

Keramikgrill

Der Keramikgrill ist ein runder Grill, der aus Ton oder Keramik besteht. Diese Grills sind sehr vielseitig und können zum Grillen, Räuchern, Braten und Backen verwendet werden. Allerdings sind sie in der Regel teurer und schwerer als andere Arten von Grills.

Smoker

Der Smoker ist eine Art von Grill, der speziell zum langsamen Räuchern von Fleisch verwendet wird. Er hat den Vorteil, dass er sehr hohe Temperaturen erreichen und das Grillgut langsam garen kann.

Gut zu wissen

Bei den Rezepten tauchen immer mal wieder die Begriffe indirektes und direktes Grillen auf. Beim indirekten Grillen werden die Speisen nicht direkt auf die Flamme gelegt, sondern an einer Stelle, an der das Grillgut nicht direkt mit den Flammen in Berührung kommt. Wenn der Grill geschlossen wird, funktioniert er wie ein Backofen und das Grillgut kann langsam garen. Direktes Grillen, also immer dann, wenn die vom Grill erzeugte Hitze direkt von unten auf die Speisen übertragen wird, eignet sich besonders für Grillgut, welches in kurzer Zeit bei hohen Temperaturen gegart werden soll.

Fleischersatzprodukte

Beim Kauf von fertigen Fleischersatzprodukten unbedingt auf die Zutatenliste achten. Einige Hersteller*innen verwenden nämlich für einen intensiveren Geschmack viel Zucker, Salz und Fette und die Produkte enthalten teils Zusatzstoffe, die ich bedenklich finde.

Ich bin ein großer Fan von Tofu, denn eingelegt nimmt er jeden Geschmack an und liefert noch zusätzlich eine Menge Eiweiß. Man kann ihn auf Spieße stecken, im Ganzen grillen oder als Hackfleischersatz zerkrümeln und braten.

Auch als Feta-Ersatz ist er gut geeignet. Tofu über Nacht in Olivenöl und Kräuter einlegen, mit Salz und Pfeffer würzen und in Folie oder Grillschale auf dem Grill mit Paprikastreifen oder anderem Gemüse garen.

Räuchertofu nutze ich meist als Ersatz für Speck, durch seine rauchige Note erhält jedes Gericht einen herzhaften Geschmack.

Bulgur und Couscous sind einfach perfekt zum Füllen von Paprika und Tomaten, für Salate und auch für die Zubereitung von veganen »Fleisch«-Bällchen.

Bohnen habe ich für mich neu entdeckt, denn sie sind so vielseitig einsetzbar. Bei mir kommen sie meist zur Zubereitung von Frikadellen und Burgerpattys zum Einsatz.

Kleine Kräuterkunde

Aromatische Kräuter können eine großartige Ergänzung zu jedem Grillgericht sein. Es ist wichtig zu beachten, dass Kräuter nicht zu lange auf dem Grill bleiben sollten, da sie schnell verbrennen können. Verwende sie stattdessen als Würzmittel oder als Teil einer Marinade, um den Geschmack deines Grillguts zu verbessern.

Hier sind einige der besten Kräuter, die beim Grillen verwendet werden können:

Rosmarin

Dieses robuste Kraut eignet sich besonders gut zum Grillen. Einige frische Rosmarinnadeln auf das Grillgut streuen, bevor es auf den Grill gelegt wird.

Thymian

Thymian ist ein vielseitiges Kraut, das perfekt zu Gemüse passt. Gehackte frische Zweige, verrührt mit Olivenöl, ergibt eine einfache und köstliche Marinade.

Oregano

Oregano ist ein klassisches Kraut, das bei der Zubereitung von Pizza und Pasta verwendet wird. Es eignet sich aber auch hervorragend zum Grillen, zum Beispiel als Zutat für Burgerpattys.

Minze

Minze eignet sich perfekt für sommerliche Salate aus Wassermelone oder Gurken. Fein gehackt und mit griechischem Joghurt verrührt, wird daraus ein eine köstliche Soße für Grillspieße.

Basilikum

Frisches Basilikum eignet sich gut für Tomaten-Mozzarella-Salat, aber auch für eine leckere Marinade. Dazu einfach einige Blätter klein hacken und mit Knoblauch, Zitronensaft und Olivenöl verrühren.

Zitronenthymian

Diese seltenere Variante des Thymians hat einen erfrischenden Zitrusduft und eignet sich hervorragend für Gemüse.

Salbei

Das in der italienischen Küche beliebte Gewürz eignet sich perfekt zum Verfeinern von Gemüsegerichten. Salbei macht sich auch gut in Grillmarinaden, als Zutat in Erfrischungsgetränken (Limonaden) oder in Beilagen wie Polenta. Außerdem wird getrockneter und gemahlener Salbei auch gern mit Estragon und Thymian gemischt.

Estragon

Estragon hat einen leicht süßen Geschmack und ist perfekt, um eine leckere Senf-Estragon-Soße für gegrillte Spieße zu machen.

Koriander

Koriander hat einen einzigartigen Geschmack und eignet sich gut für Gegrilltes. Klein gehackt wird er zusammen mit etwas Limettensaft, Chili und Knoblauch zu einer köstlichen Marinade.

Lavendel

Lavendel hat einen subtilen, blumigen Geschmack. Für das gewisse Etwas ein paar Lavendelblüten auf gegrillten Tofu streuen.

Bohnenkraut

Bohnenkraut hat einen leicht bitteren Geschmack und passt gut als Zutat in selbst gemachte Kräuterbutter für gegrillte Maiskolben.

Auf das Olivenöl achten

Wer beim Kauf mal auf die verschiedenen Sorten Olivenöl achtet, wird schnell feststellen, dass es Unmengen an Varianten und somit auch verschiedenen Geschmacksrichtungen gibt. Auch hier gilt es, einfach mal auszuprobieren. Es gibt doch nichts Leckereres, als ein Stück Brot in Olivenöl mit etwas Salz zu tunken und zu genießen. Einige Sorten sind äußerst hitzestabil und können so gut zum Grillen und Braten verwendet werden.

Ein kleiner Überblick:

Olivenöl extra nativ

Die extra nativen Olivenöle sind Öle von höchster Qualität und haben daher ausgezeichnete Geschmacks- und Aromaeigenschaften. Extra natives Olivenöl ist eine Quelle einfacher ungesättigter Fettsäuren.

Natives Olivenöl

Öl mit bemerkenswertem Geschmack und Aroma. Mit antioxidativen Eigenschaften. Es ist reich an einfach ungesättigten Fettsäuren.

Olivenöl

Öle, die ausschließlich eine Mischung aus raffiniertem und nativem Olivenöl oder extra nativem Olivenöl in unterschiedlichen Anteilen enthalten. Mit einem hohen Gehalt an einfach ungesättigten Fettsäuren, die wesentlich für eine gesunde Ernährung sind.

Und noch ein Tipp zur richtigen Lagerung: Olivenöl soll vor Licht, Wärme, Luft und starken Gerüchen geschützt werden. Undurchsichtige Behälter oder dunkle Materialien eignen sich daher am besten zur Lagerung von Olivenöl. Es ist auch wichtig, den Behälter immer gut verschlossen zu halten, damit kein Sauerstoff eindringt.

Grillfreude

Natürlich wäre es einfach, lediglich Tofuwürstchen und Seitansteaks auf den Grill zu legen, aber wie du sehen wirst gibt es noch so viele andere Köstlichkeiten, die sich als Grillgut eignen.

Wer vegane Grillprodukte kauft, muss allerdings ein paar Dinge beachten. Die meisten Produkte sind bereits vorgegart und müssen nur noch auf den Grill, um heiß zu werden und eine schöne Grillkruste zu bekommen. Auch verbrennen sie schneller, sodass ich den Rost lieber etwas höher hänge oder das Grillgut eher am Rand des Grills platziere.

Gegrillte Zucchinipäckchen

Zutaten

FÜR 4 STÜCK

150 ml Gemüsebrühe
4 EL Olivenöl
150 g Couscous
½ Zwiebel
2 Knoblauchzehen
1 EL Sojasoße
1 große Zucchini

1. Gemüsebrühe und 1 EL Olivenöl in einen Topf geben, verrühren und zum Kochen bringen.

2. Couscous in eine Schüssel füllen und mit der heißen Gemüsebrühe übergießen. Kurz verrühren und 5 Minuten quellen lassen. Dann mit einer Gabel auflockern.

3. Zwiebel und Knoblauch schälen und fein hacken. 1 EL Olivenöl in eine Pfanne geben und Zwiebel und Knoblauch darin bei mittlerer Hitze 2 Minuten anschwitzen.

4. Sojasoße zugeben, Couscous untermengen und 3 Minuten braten.

5. Zucchini waschen, putzen und mit einem Sparschäler in 16 dünne Streifen hobeln. Jeweils 2 × 2 Streifen über Kreuz auslegen.

6. Couscous in die Mitte der Zucchinikreuze setzen, die Streifen einklappen, leicht andrücken und mit dem restlichen Olivenöl bepinseln.

7. Zucchinipäckchen über direkter Hitze pro Seite 3–4 Minuten grillen.

TIPP:
Dazu passt die Cashew Sour Cream von Seite 109.

Gegrillte Avocado

Zutaten

FÜR 4 PORTIONEN

4 Avocados
1 EL Zitronensaft
2 Tomaten
1 rote Zwiebel
2 Frühlingszwiebeln
2 Knoblauchzehen
2 EL Olivenöl + mehr zum Bepinseln
¼ TL gemahlener Kreuzkümmel
Salz
Pfeffer
½ Bund glatte Petersilie

1. Avocados halbieren, Kern entfernen und Fruchtfleisch mit Zitronensaft bepinseln.
2. Tomaten waschen, Stielansatz entfernen und Fruchtfleisch würfeln. In eine Schüssel geben.
3. Zwiebel schälen und in Würfel schneiden. Frühlingszwiebeln putzen, waschen und in feine Ringe schneiden. Beides zu den Tomaten geben.
4. Knoblauch schälen und dazupressen.
5. Olivenöl, Kreuzkümmel, Salz und Pfeffer zufügen und alles gut vermischen.
6. Avocadohälften mit Olivenöl bepinseln und mit der Schnittfläche nach unten 3 Minuten auf direkter Hitze grillen.
7. Währenddessen Petersilie waschen, trocken schütteln und hacken.
8. Avocadohälften mit der Tomatenmischung füllen und mit Petersilie bestreuen.

Gegrillte Spitzpaprika

Zutaten

FÜR 4 PORTIONEN

1 Zwiebel
2 Knoblauchzehen
3 Frühlingszwiebeln
2 EL Olivenöl + mehr für die Grillschale
Salz
Pfeffer
edelsüßes Paprikapulver
200 g veganer Feta
3 Stiele Petersilie
½ TL getrocknete mediterrane Kräuter
4 rote Spitzpaprikaschoten

1. Zwiebel und Knoblauchzehen schälen und fein hacken. Frühlingszwiebeln putzen, waschen und in feine Ringe schneiden.

2. 1 EL Olivenöl in einer Pfanne erhitzen und Zwiebel, Frühlingszwiebeln und Knoblauch darin andünsten. Mit Salz, Pfeffer und Paprikapulver würzen, dann abkühlen lassen.

3. Feta in Würfel schneiden. Petersilie waschen, trocken schütteln und grob hacken. Beides mit den getrockneten Kräutern unter die Zwiebelmasse rühren.

4. Paprikaschoten längs halbieren, entkernen und waschen. Die Hälften mit der Feta-Masse füllen und das restliche Olivenöl darüber träufeln. Paprikahälften in eine leicht geölte Grillschale setzen und 20 Minuten grillen.

Gegrillte Zucchini-Spaghetti

Zutaten

FÜR 4 PORTIONEN

5 kleine Zucchini
3 EL Olivenöl
2 EL Pinienkerne
200 g Spaghetti
2 Knoblauchzehen
½ scharfe Chilischote
½ Bund frische Minze
Schale und Saft von
1 Bio-Zitrone
Salz, Pfeffer

1. Zucchini putzen, waschen, längs in 5 mm dicke Streifen schneiden und jeweils mit etwas Olivenöl bestreichen. Streifen auf direkter Hitze von beiden Seiten kurz grillen, dann in kleinere Stücke schneiden.

2. Eine Pfanne ohne Fettzugabe erhitzen und die Pinienkerne darin rösten.

3. Spaghetti in einem Topf mit kochendem Wasser al dente garen und dann durch ein Sieb abseihen.

4. Knoblauch schälen, Chili putzen und waschen. Beides fein hacken.

5. Minze waschen, trocken schütteln und hacken.

6. Das restliche Olivenöl in einer großen Pfanne erhitzen und Knoblauch und Chili darin anbraten. Die abgetropften Nudeln zugeben. Zitronenschale und -saft zufügen und unterrühren. Zucchinistücke unterheben. Spaghetti mit Pinienkernen und Minze bestreut servieren.

Karibische Blumenkohl-Wings

Zutaten

FÜR 4 PORTIONEN

1 Blumenkohl
4 EL Olivenöl
2 EL Jerk-Gewürz (siehe unten)

1. Blumenkohl putzen, waschen und in Röschen teilen. In eine Schüssel geben und gut mit dem Öl und dem Gewürz vermengen.
2. Röschen auf eine Grillplatte legen und in 15–20 Minuten auf direkter Hitze goldbraun grillen, dabei ab und zu wenden.

Jerk-Gewürz

Das Jerk-Gewürz ist eine jamaikanische Gewürzmischung, die allen Speisen einen Hauch Karibik verleiht.

Zutaten

1 EL getrocknete Zwiebeln
1 EL getrockneter Knoblauch
1 EL Muscovado-Zucker
1 EL getrocknete Petersilie
1 EL getrockneter Thymian
1 TL edelsüßes Paprikapulver
1 EL Ingwerpulver
1 TL Cayennepfeffer
2 TL Salz
½ TL Pfeffer
½ TL gemahlener Kreuzkümmel
½ TL geriebene Muskatnuss
½ TL gemahlener Zimt
½ TL gemahlener Piment
1 TL Chilipulver

Alle Zutaten in einen Mixer geben und zu Pulver verarbeiten.

Burger

Burgerpattys

Zutaten

FÜR 4 STÜCK

- 3 EL Leinsamen
- 3 EL heißes Wasser
- 80 g Langkornreis
- 1 Zwiebel
- 2 Knoblauchzehen
- 2 EL Olivenöl
- 50 g Haferflocken
- 400 g Kidneybohnen aus der Dose
- 1 EL Tomatenmark
- 1 EL edelsüßes Paprikapulver
- ½ TL Salz
- ½ TL Pfeffer
- 4 EL Sojasoße

1. Leinsamen in einer Schüssel mit dem Wasser verrühren und 15 Minuten quellen lassen.
2. Reis nach Packungsanleitung in einem Topf mit Wasser gar kochen, durch ein Sieb abseihen und auskühlen lassen.
3. Zwiebel schälen und fein hacken. Knoblauch schälen und reiben. Olivenöl in einer Pfanne erhitzen und Zwiebel und Knoblauch darin anbraten.
4. Haferflocken in einer Küchenmaschine fein mahlen.
5. Bohnen in ein Sieb abgießen, mit Wasser abspülen und zusammen mit dem Reis, den Leinsamen, der Zwiebel-Knoblauch-Mischung, dem Tomatenmark, Paprikapulver, Salz, Pfeffer und der Sojasoße zum Haferflockenmehl geben und grob pürieren (nicht vollständig zerkleinern).
6. Aus der Mischung 4 Burgerpattys formen und diese auf direkter Hitze von jeder Seite 2–3 Minuten grillen.

Brioche-Burger-Buns

Zutaten

FÜR 8 STÜCK

380 ml + 2 EL Sojadrink
7 g Trockenhefe
40 g Zucker
550 g Weizenmehl, Type 405
15 g Salz
30 g Pflanzenmargarine

1. 380 ml Sojadrink in einem Topf lauwarm erwärmen. Topf vom Herd nehmen, Hefe und Zucker einrühren und 10 Minuten ruhen lassen.

2. Mehl und Salz in einer Schüssel vermengen, die Hefemischung zugeben und alles mit dem Handrührgerät vermischen.

3. Margarine zugeben und alles zu einem Teig verkneten. Teig abgedeckt an einem warmen Ort 1 Stunde gehen lassen.

4. Danach Hefeteig in 8 Portionen teilen und diese zu Kugeln formen. Auf ein mit Backpapier ausgelegtes Backblech legen und nochmals 30 Minuten zugedeckt gehen lassen.

5. Währenddessen Backofen auf 180 °C Ober-/Unterhitze vorheizen.

6. Buns mit dem restlichen Sojadrink bestreichen und in 25–30 Minuten im Ofen goldbraun backen.

Rustikale Brötchen

Zutaten

FÜR 6 STÜCK

- 225 g Weizenmehl, Type 550
- 100 g Roggenmehl, Type 997
- 50 g Weizenvollkornmehl
- 110 g Hartweizenmehl
- 110 g Hartweizengrieß
- 225 ml Wasser
- 225 ml Sojadrink
- 12 g Trockenhefe
- 9 g Salz
- 12 ml Rapsöl

1. Alle Zutaten in einer Küchenmaschine vermengen und 15 Minuten kneten. Teig im Kühlschrank abgedeckt über Nacht gehen lassen.
2. Dann den Teig in 6 Portionen teilen und diese zu Brötchen formen. Auf ein mit Backpapier ausgelegtes Blech legen und zugedeckt 45 Minuten ruhen lassen.
3. Währenddessen Backofen auf 200 °C Ober-/Unterhitze vorheizen.
4. Eine hitzebeständige Tasse mit Wasser auf dem Boden des Backofens platzieren und die Brötchen 20 Minuten im Ofen backen.

Gemüse-Grillspieße

Jede Marinade reicht für je 6 Gemüsespieße.

1. Das Gemüse nach Wahl (siehe Seite 34) waschen und in mundgerechte Stücke schneiden. Die Gemüsewürfel in die Marinade legen und mindestens eine Stunde darin einlegen.

2. Anschließend die Spieße vorbereiten, dazu können Holzspieße verwendet werden. Diese sollten vor der Verwendung in Wasser eingeweicht werden, um ein Anbrennen zu vermeiden. Das Gemüse abwechselnd auf die Spieße stecken.

3. Die Grillspieße dann auf dem Grill bei direkter Hitze oder in einer Grillpfanne auf dem Herd grillen. Dabei ist es wichtig, die Spieße regelmäßig zu drehen, um sicherzustellen, dass das Gemüse gleichmäßig gegart wird.

4. Sobald das Gemüse weich und leicht gebräunt ist, sind die veganen Gemüse-Grillspieße fertig.

Knoblauch-Zitronen-Marinade

Zutaten

2 Knoblauchzehen
60 ml Olivenöl
Saft von ½ Zitrone
1 TL edelsüßes Paprikapulver
Salz, Pfeffer nach Geschmack

Den Knoblauch schälen und fein hacken. Dann alle Zutaten in einer Schüssel vermengen.

Teriyaki-Marinade

Zutaten

2 Knoblauchzehen
1 TL frischer Ingwer
60 ml Tasse Sojasoße
2 EL Ahornsirup
¼ TL Pfeffer

Den Knoblauch und den Ingwer schälen und fein hacken. Dann alle Zutaten in einer Schüssel vermengen.

Mediterrane Marinade

Zutaten

2 Knoblauchzehen
60 ml Olivenöl
1 TL getrockneter Oregano
1 TL getrockneter Thymian
Saft von ½ Zitrone
Salz, Pfeffer nach Geschmack

Den Knoblauch schälen und fein hacken. Anschließend alle Zutaten in einer Schüssel vermengen.

Es gibt viele verschiedene Gemüsesorten, die sich hervorragend zum Grillen eignen. Hier sind einige meiner liebsten Optionen:

- Paprika sind perfekt für Gemüse-Grillspieße geeignet, da sie eine feste Textur haben und nicht so schnell verkochen wie andere Gemüsesorten.
- Zucchini ist ein weiches Gemüse, das schnell gegrillt werden kann und eine köstliche rauchige Note bekommt.
- Aubergine hat eine ähnliche Textur wie Zucchini und wird auf dem Grill schön weich und saftig.
- Champignons, Shiitake-Pilze und andere Pilzsorten sind eine großartige Option für Gemüse-Grillspieße, da sie eine fleischige Textur haben und sich gut mit verschiedenen Gewürzen und Marinaden kombinieren lassen.
- Tomaten werden auf dem Grill schön saftig und geben dem Gemüse-Grillspieß eine fruchtige Note.
- Maiskolben sind eine beliebte Beilage für Grillgerichte und können auf dem Grill leicht gegart werden.
- Spargel ist eine köstliche Option für Gemüse-Grillspieße, da er schnell gart und eine leichte, aber würzige Note bekommt.

Tofuspieße

Jede Marinade reicht für 1 kg Tofu Natur.

1. Tofu in Würfel schneiden, diese in die Marinade legen und mindestens 2 Stunden marinieren.
2. Den Tofu dann aus der Marinade heben, auf Spieße stecken und auf direkter Hitze 5–7 Minuten grillen, dabei ab und zu wenden.

Chili-Limetten-Marinade

Zutaten

1 kleine rote Chilischote
60 ml Limettensaft
2 EL Olivenöl
2 TL brauner Zucker

Chilischote waschen, putzen, in feine Ringe schneiden und in einer Schüssel mit den restlichen Zutaten vermengen.

Marokkanische Marinade

Zutaten

2 TL brauner Zucker
80 ml Granatapfelsirup
2 TL gemahlener Kreuzkümmel
2 TL Wasser
½ TL gemahlener Piment
1 Stiel glatte Petersilie oder Koriander
2 TL Granatapfelkerne

1. Zucker, Sirup, Kreuzkümmel, Wasser und Piment in einer Schüssel verrühren und den Tofu darin einlegen.
2. Petersilie waschen, trocken schütteln und grob hacken.
3. Nach dem Grillen Tofu mit Granatapfelkernen und Petersilie bestreuen.

Libanesische Marinade

Zutaten

50 g frische Minze
50 g frischer Koriander
1 rote Zwiebel
1 Knoblauchzehe
½ TL gemahlener Zimt
1 TL gemahlener Kreuzkümmel
3 TL Wasser
1 TL Speiseöl

1. Die Kräuter waschen, trocken schütteln und grob zerkleinern.
2. Zwiebel und Knoblauch schälen und in Stücke schneiden.
3. Alle Zutaten in einen Standmixer geben und pürieren. In eine Schüssel umfüllen und Tofu mit der Marinade vermengen.

Hotdogs

Zutaten

FÜR 6 STÜCK

6 vegane Hotdogs
6 Hotdog-Brötchen

Variation 1

Zutaten

1 rote Zwiebel
2 EL vegane Butter
12 EL veganer Frischkäse
20 g eingelegte Jalapeños

1. Zwiebel schälen und würfeln. Butter in einer Pfanne bei mittlerer Hitze schmelzen, Zwiebel hinzufügen und kurz anrösten.
2. In der Zwischenzeit die Hotdogs auf direkter Hitze grillen, bis sie warm und gebräunt sind.
3. Brötchen auf-, aber nicht durchschneiden. Frischkäse auf den Innenseiten verteilen, die Hotdogs einlegen und mit der Zwiebelmischung und klein geschnittenen Jalapeños garnieren.

Variation 2

Zutaten

100 g Sauerkraut
6 Scheiben veganer Käse

1. Sauerkraut in einen Topf geben und bei mittlerer Hitze 2 Minuten erwärmen.
2. Brötchen auf-, aber nicht durchschneiden, die Hotdogs einlegen und jeweils mit 1 Scheibe Käse belegen. In eine Grillpfanne geben und auf dem Grill mit geschlossenem Deckel 1 Minute grillen, bis der Käse angeschmolzen ist. Mit Sauerkraut belegen.

Variation 3

Zutaten

1 Zwiebel
1 EL Öl
2 EL Tomatenmark

1. Zwiebel schälen und in feine Scheiben schneiden.
2. Öl in einer Pfanne auf mittlerer Stufe erhitzen, Zwiebeln hinzufügen und 5 Minuten dünsten.
3. Tomatenmark einrühren und weitere 5 Minuten köcheln lassen.
4. Brötchen auf-, aber nicht durchschneiden, die Hotdogs einlegen und mit der Zwiebelmischung bedecken.

Pilzspieße

Zutaten

FÜR 4 STÜCK

2 Knoblauchzehen
1 Stück (5 mm) frischer Ingwer
5 EL Sojasoße
5 EL Agavendicksaft
Saft von 1 Limette
Salz
Pfeffer
1 TL Johannisbrotkernmehl
500 g frische Champignons

1. Knoblauch und Ingwer schälen, fein reiben und in einer Schüssel mit Sojasoße, Agavendicksaft, Limettensaft, Salz und Pfeffer verrühren. Johannisbrotkernmehl untermischen.
2. Champignons säubern, halbieren und mit der Marinade vermischen. Über Nacht durchziehen lassen.
3. Am nächsten Tag Pilze auf Spieße stecken und auf direkter Hitze von jeder Seite 3–4 Minuten grillen.

Gegrillter Tofu mit Wassermelone

Zutaten

FÜR 2 PORTIONEN

400 g Tofu Natur
1 kg Wassermelone
50 g Nussmischung
100 g Rucola
50 g veganer Joghurt
2 TL Crema di Balsamico
Pfeffer

Für die Marinade
2 Knoblauchzehen
3 EL Rapsöl
2 EL Tomatenmark
1 EL Balsamicoessig
1 EL Zitronensaft
3 EL Sojasoße
1 TL scharfer Senf
1 TL edelsüßes Paprikapulver
1 TL gemahlener Kreuzkümmel
½ TL Salz

1. Tofublock längs halbieren und in 5 mm dicke Scheiben schneiden.
2. Für die Marinade den Knoblauch schälen und in eine Schüssel pressen oder fein reiben. Mit den restlichen Zutaten verrühren. Tofu darin über Nacht einlegen.
3. Am nächsten Tag das Fruchtfleisch der Wassermelone in Dreiecke schneiden und die Nüsse grob hacken. Rucola waschen und trocken schütteln.
4. Tofu aus der Marinade nehmen und bei direkter Hitze von jeder Seite 2 Minuten auf den Grill legen.
5. Wassermelone mit Rucola und Tofu auf Tellern anrichten. Mit Joghurt und Balsamico beträufeln und mit Nüssen und Pfeffer bestreuen.

Sojasteaks

Zutaten

FÜR 4 STÜCK

1 l heiße Gemüsebrühe
4 Sojasteaks

Für die Marinade
3 Knoblauchzehen
1 Zwiebel
250 ml BBQ-Soße (siehe Seite 107)
2 EL Ahornsirup
2 EL mittelscharfer Senf
1 EL Salz
1 EL Pfeffer
1 EL edelsüßes Paprikapulver
1 TL Apfelessig
1 TL Liquid Smoke

1. Heiße Gemüsebrühe in eine Schüssel geben und Sojasteaks darin 20 Minuten einweichen. Dabei darauf achten, dass sie immer ganz mit Brühe bedeckt sind.

2. Für die Marinade Knoblauch und Zwiebel schälen und ganz fein in eine Schüssel reiben. Mit den restlichen Zutaten vermengen.

3. Die Steaks aus der Gemüsebrühe nehmen, auspressen, in die Marinade legen und mindestens 2 Stunden, am besten über Nacht, marinieren.
Danach auf dem Grill bei direkter Hitze von jeder Seite 2–3 Minuten grillen.

Auberginen-Pizza

Zutaten

FÜR 4 PORTIONEN

2 Auberginen
Salz
5 EL Olivenöl
1 TL getrockneter Oregano
½ TL getrockneter Rosmarin
2 Knoblauchzehen
200 g veganer Feta
150 g Kirschtomaten
100 g schwarze und/oder grüne, entsteinte Oliven

1. Auberginen putzen, waschen, in fingerdicke Scheiben schneiden und diese gut mit Salz bestreuen. Auf einen großen Teller legen und 30 Minuten ruhen lassen.
2. Olivenöl in einer Schüssel mit Oregano und Rosmarin verrühren. Knoblauch schälen, dazupressen und untermischen.
3. Feta zerbröseln, Tomaten waschen und diese ebenso wie die Oliven in Scheiben schneiden.
4. Auberginenscheiben mit einem Küchentuch trocken tupfen und die Oberseite mit der Olivenölmischung bepinseln.
5. Die Oberseite mit Tomaten, Oliven und Feta belegen und auf direkter Hitze 5–10 Minuten grillen.

TIPP:
Das beste Ergebnis erzielt man, wenn man bei einem Keramikgrill während des Grillvorgangs den Deckel schließt. So bekommt die Pizza auch von oben genug Hitze ab.

Mexikanische Kartoffel-Bowl

Zutaten

FÜR 2 PORTIONEN

150 g Cashewkerne
1 rote Paprikaschote
500 g kleine Kartoffeln
2 EL getrocknete italienische Kräuter
1 EL Olivenöl
1 Knoblauchzehe
150 g Mais aus der Dose
100 g Kidneybohnen aus der Dose
125 ml Wasser
Saft von 1 Limette
1 EL Zitronensaft
Pfeffer
½ Bund glatte Petersilie
2 Frühlingszwiebeln

1. Cashewkerne 30 Minuten in eine Schüssel mit heißem Wasser einlegen, dann durch ein Sieb abseihen.

2. Paprika putzen, waschen und würfeln.

3. Kartoffeln gut waschen und in eine Schüssel legen. Mit Kräutern und Olivenöl vermengen. Knoblauch schälen, dazupressen, Paprika zufügen und alles gut verrühren.

4. Mais und Bohnen in ein Sieb abgießen und abtropfen lassen.

5. Kartoffeln in eine Grillschale geben und im geschlossenen Grill auf indirekter Hitze 25 Minuten grillen. In den letzten 5 Minuten Mais und Bohnen unterrühren. In der Zwischenzeit Cashewkerne mit Wasser, Limettensaft, Zitronensaft und Pfeffer in einen Standmixer geben und zu einer cremigen Soße pürieren.

6. Petersilie waschen, trocken schütteln und hacken. Frühlingszwiebeln putzen, waschen und in Ringe schneiden.

7. Kartoffeln auf 2 tiefe Teller oder Schüsseln verteilen und mit etwas Soße, Petersilie und Frühlingszwiebeln servieren.

Gegrillte Kartoffeln mit Minze

Zutaten

FÜR 4 PORTIONEN

1 ½ kg kleine Kartoffeln
Salz
2 EL + 60 ml Olivenöl
Pfeffer
1 Bund frische Petersilie
1 Bund frische Minze
2 Knoblauchzehen
2 EL Zitronensaft + Saft von 1 Zitrone

1. Kartoffeln waschen, in einen Topf geben und mit kaltem Wasser bedecken. Etwas Salz zufügen und Kartoffeln ohne Deckel köcheln lassen, bis sie weich sind.

2. Kartoffeln aus dem Topf nehmen, halbieren und in eine Schüssel legen. 2 EL Olivenöl sowie Salz und Pfeffer hinzufügen und alles gut vermengen.

3. Kartoffeln in einen Gemüsegrillkorb legen und auf direkter Hitze 10 Minuten grillen.

4. In der Zwischenzeit Kräuter waschen, trocken schütteln, grob zerkleinern und in einen Standmixer geben. Knoblauch schälen und dazupressen. 2 EL Zitronensaft und Salz zufügen und Zutaten pürieren, dabei langsam das restliche Olivenöl zugießen.

5. Zum Schluss den restlichen Zitronensaft untermischen.

6. Kartoffeln in einer Schüssel mit der Zitronen-Kräuter-Soße vermengen und servieren.

Tofu-Yakitori-Spieße

Zutaten

FÜR 4 PORTIONEN

1 cm frischer Ingwer
3 Knoblauchzehen
50 g brauner Zucker
4 EL Sojasoße
4 EL Mirin
2 EL Raps- oder Pflanzenöl
schwarzer Pfeffer nach Geschmack
400 g Tofu Natur
2 Frühlingszwiebeln

1. Ingwer und Knoblauch schälen. Ingwer in eine Schüssel reiben und Knoblauch dazupressen. Zucker, Sojasoße, Mirin, Öl und Pfeffer zugeben und verrühren.

2. Tofu mit Küchenpapier trocken tupfen und in kleine Würfel schneiden. Diese in die Marinade legen und 12 Stunden abgedeckt im Kühlschrank ziehen lassen.

3. Danach Tofu auf Spieße stecken, auf dem Rost oder in einer Grillschale auf direkter Hitze 10 Minuten grillen. Dabei ab und zu mit etwas Marinade bepinseln.

4. Währenddessen Frühlingszwiebeln putzen, waschen und in feine Ringe schneiden.

5. Tofu-Yakitori-Spieße mit Frühlingszwiebeln bestreut servieren.

Kirschtomaten-Bruschetta

Zutaten

FÜR 6 PORTIONEN

6 Scheiben Sauerteigbrot
2 Avocados
200 g Kirschtomaten
1 rote Zwiebel
1 Zitrone
3 EL Olivenöl
Salz
Pfeffer

1. Brotscheiben halbieren. Avocados schälen, entkernen und pürieren. Kirschtomaten würfeln.
2. Zwiebel fein schneiden. Zitrone auspressen und Saft auffangen.
3. Brot auf der Oberseite mit Olivenöl bestreichen und auf dem Grill braun grillen.
4. Kirschtomatenwürfel mit Zwiebelwürfeln und Zitronensaft vermengen.
5. Brot mit dem Avocadopüree bestreichen, mit Salz und Pfeffer würzen und mit der Tomatenmasse belegen.

MEANWHILE

Käse-Toasties

Zutaten

FÜR 2 PORTIONEN

4 Scheiben Brot
2 EL Olivenöl
2 EL passierte Tomaten
½ TL getrocknete italienische Kräuter
4 Kirschtomaten
4 EL geriebener veganer Käse

1. Kirschtomaten waschen und in Scheiben schneiden.
2. 2 Brotscheiben mit etwas Olivenöl beträufeln, mit dieser Seite nach unten bei direkter Hitze auf den Grill legen und circa 1–2 Minuten goldbraun grillen.
3. Die obere Seite jeweils mit passierten Tomaten bestreichen und mit Kräutern bestreuen.
4. Tomatenscheiben und Käse auf den Brotscheiben verteilen. Jeweils eine zweite Brotscheibe auflegen, etwas andrücken, mit Olivenöl beträufeln und Brote umdrehen. Weitere 2–3 Minuten grillen.

Beilagen

Dieses Kapitel widme ich ganz den Beilagen. Denn sie sind nicht nur die perfekte Ergänzung zu den pflanzlichen Grillgut-Alternativen, sondern können auch mit ihrer Vielfalt und Kreativität das vegane BBQ zu einem wahren Geschmackserlebnis machen.

Ich zeige (hoffentlich) inspirierende Ideen für raffinierte Beilagen, die nicht nur vegan sind, sondern auch abwechslungsreich und geschmackvoll daherkommen. Lass dich von kreativen Rezepten inspirieren und entdecke neue Horizonte für deine vegane Grillküche. Denn Beilagen sind nicht nur Beigaben, sondern können auch im Rampenlicht stehen und das vegane Grillvergnügen auf ein neues Level heben.

Grill-Polenta

Zutaten

FÜR 4 PORTIONEN

250 ml Gemüsebrühe
250 ml Sojadrink
250 g Polentagrieß
2 EL Pflanzenmargarine
2 EL Hefeflocken
2 EL getrocknete italienische Kräuter
2 EL Olivenöl

1. Gemüsebrühe und Sojadrink in einen Topf geben, verrühren und zum Kochen bringen.

2. Polentagrieß einrühren und 1 Minute unter Rühren köcheln lassen. Topf vom Herd nehmen und die restlichen Zutaten bis auf das Olivenöl einrühren. Masse 20 Minuten quellen lassen.

3. Masse circa 2 cm hoch in eine Auflaufform streichen und mindestens 2 Stunden auskühlen lassen.

4. Dann Polenta in mundgerechte Stücke schneiden, in eine Grillschale (oder auf leichter Hitze auf den Rost) legen und mit Olivenöl bestreichen. Auf direkter Hitze von jeder Seite 5 Minuten grillen.

Sautierte Champignons

Zutaten

FÜR 4 PORTIONEN

500 g weiße Champignons
2 EL Olivenöl
½ TL Salz
½ TL Pfeffer
½ Bund frische Petersilie

1. Champignons säubern und halbieren.
2. Öl in einer Pfanne oder einer Grillschale erhitzen. Pilze, Salz und Pfeffer zugeben und 20–25 Minuten garen.
3. Währenddessen Petersilie waschen, trocken schütteln und hacken. Pilze vor dem Servieren mit Petersilie bestreuen.

TIPP:
Nach 10 Minuten scheinen die Champignons trocken zu werden, aber bitte keine Flüssigkeit zugeben, denn die Pilze setzen noch Feuchtigkeit frei.

Olivenbrot

Zutaten
FÜR 1 BROT

400 g Weizenmehl, Type 550
125 g Roggenmehl, Type 1150
10 g frische Hefe
10 g Meersalz
350 ml lauwarmes Wasser
30 g schwarze, entsteinte Oliven
2 EL Olivenöl

1. Beide Mehlsorten in eine Schüssel geben und Hefe dazubröseln.
2. Salz und Wasser zufügen und mit dem Handrührgerät 2 Minuten kneten.
3. Oliven halbieren und in den Teig einarbeiten.
4. Eine Schüssel mit Olivenöl bepinseln, den Teig hineinlegen und zugedeckt 1 Stunde ruhen lassen.
5. Backofen auf 200 °C Ober-/Unterhitze vorheizen und eine Brotbackform oder einen gusseisernen Topf mit etwas Olivenöl einreiben.
6. Teig nochmals durchkneten und einen Brotlaib formen. Brot in die Backform geben und 50 Minuten im Ofen backen. Brot aus dem Ofen holen, 15 Minuten in der Form abkühlen lassen, dann herausnehmen.

STAUB
STAUB

Pesto-Schnecken

Zutaten

FÜR 4 PORTIONEN

- 160 g Weizenmehl, Type 405
- 1 TL Salz
- 2 TL getrockneter Rosmarin
- 15 g frische Hefe
- 100 ml warmes Wasser
- 2 EL Olivenöl
- 50 g getrocknete Tomaten
- 50 g veganes grünes Pesto (siehe Seite 76)

1. Mehl, Salz und Rosmarin vermengen.
2. Hefe in warmem Wasser auflösen, Olivenöl unterrühren und alles zur Mehlmischung geben.
3. Zu einem Teig verkneten. Tomaten klein schneiden und unterkneten.
4. Abgedeckt an einem warmen Ort 50 Minuten gehen lassen.
5. Backofen auf 200 °C Ober-/Unterhitze vorheizen.
6. Teig auf einer bemehlten Arbeitsfläche rechteckig ausrollen und Pesto darauf verstreichen.
7. Tomatenstücke darüberstreuen.
8. Von der langen Seite her aufrollen. Aus der Teigrolle 3 cm dicke Scheiben schneiden.
9. Im Ofen 30 Minuten goldbraun backen.

Schnelle eingelegte Gurken

Zutaten

FÜR 2 PORTIONEN

1 weiße Zwiebel
200 g Zucker
125 ml Weißweinessig
1 TL Salz
½ TL Senfkörner
½ TL Selleriesamen
¼ TL gemahlener Kreuzkümmel
1 EL getrocknete Dillspitzen
4 Einlegegurken

1. Zwiebel häuten, in Scheiben und dann in Streifen schneiden. Zucker, Essig, Salz, Senfkörner, Selleriesamen, Kreuzkümmel und Dill in einer mikrowellengeeigneten Schüssel verrühren. Gurken waschen, in Scheiben schneiden und in den Sud legen.

2. Gurkengemisch auf höchster Stufe 8 Minuten in der Mikrowelle erhitzen, dabei alle 2 Minuten umrühren. Danach in saubere Einmachgläser füllen.

TIPP:
Die Gurken sind in luftdicht verschlossenen, sterilisierten Gläsern 3 Wochen haltbar.

STAUB

Gerösteter Brokkoli mit süßer Chilisoße

Zutaten

FÜR 4 PORTIONEN

500 g Brokkoli
5 EL süße Chilisoße (siehe Seite 108)
5 EL Sojasoße
2 EL Sesamöl
Salz, Pfeffer

1. Backofen auf 220 °C Ober-/Unterhitze vorheizen.
2. Brokkoli putzen, waschen, in Röschen teilen und diese in eine Grillschale legen.
3. Chilisoße, Sojasoße, Sesamöl, Salz und Pfeffer in einer Schüssel verrühren und über den Brokkoli träufeln. Mit den Händen gut vermengen.
4. Brokkoli 20–25 Minuten auf dem Grill rösten.

Gegrillte Brotecken

Zutaten

FÜR 12–15 STÜCK

7 g Trockenhefe
450 g Weizenmehl, Type 405 + mehr für die Arbeitsfläche
Salz
1 Knoblauchzehe
90 g veganer Joghurt
150 ml warmes Wasser
1 EL Agavendicksaft
80 ml Sonnenblumenöl
½ TL getrocknete italienische Kräuter
3 EL Olivenöl

1. Hefe, Mehl und Salz in einer Schüssel vermengen.
2. Knoblauch schälen und dazupressen.
3. Joghurt, Wasser, Agavendicksaft, Öl und Kräuter zugeben und alles mit dem Handrührgerät zu einem Teig kneten.
4. Teig an einem warmen Ort abgedeckt 1 Stunde gehen lassen.
5. Teig auf einer bemehlten Arbeitsfläche rechteckig ausrollen und aus dem Teig Dreiecke schneiden.
6. Die Ecken mit Olivenöl einpinseln und mit der geölten Seite bei direkter Hitze 2 Minuten auf den Grill legen, dann wenden und die andere Seite auch mit Öl bestreichen. Weitere 2 Minuten grillen.

Quick-and-Easy-Pizzabrötchen

Zutaten

4 PORTIONEN

1 fertiger Pizzateig (aus der Kühltheke)
250 g geriebener veganer Mozzarella
2 EL Olivenöl
1 EL getrocknete italienische Kräuter
½ Bund frisches Basilikum
250 ml Pizzasoße (siehe Seite 115)

1. Backofen auf 200 °C Ober-/Unterhitze vorheizen.
2. Pizzateig in 12 Rechtecke schneiden. Auf jedes Stück etwas Mozzarella geben und dann eine Teigkugel formen.
3. Teigkugeln auf ein mit Backpapier belegtes Backblech setzen, dabei etwas Platz zwischen den Kugeln lassen. Den restlichen Mozzarella in die Zwischenräume verteilen.
4. Olivenöl und italienische Kräuter in einer Schüssel verrühren und die Teigbällchen damit bepinseln. 20–25 Minuten im Ofen backen.
5. Basilikum waschen und trocken schütteln. Die Blättchen von den Stielen zupfen.
6. Die Pizzabrötchen aus dem Ofen nehmen und abkühlen lassen, vor dem Servieren mit Basilikumblättchen bestreuen und die Pizzasoße zum Dippen bereitstellen.

Baguette mit Spinatfüllung

Zutaten

FÜR 6 STÜCK

1 Zwiebel
2 Knoblauchzehen
500 g Babyspinat
100 g Kirschtomaten
2 EL Olivenöl
Salz
Pfeffer
2 TL grünes Pesto (siehe Tipp)
150 g veganer Feta
2 Baguettes

1. Zwiebel und Knoblauch schälen und fein hacken.
2. Spinat waschen und abtropfen lassen. Tomaten halbieren.
3. Öl in einer Pfanne erhitzen.
4. Zwiebel und Knoblauch darin andünsten. Den Spinat dazugeben und für 2–3 Minuten unter Rühren dünsten, bis er zusammengefallen ist. Mit Salz und Pfeffer würzen.
5. Tomaten dazugeben und unter den Spinat heben. Mischung abtropfen lassen.
6. Pesto unter die Spinatmischung rühren. Feta zerbröseln und untermengen.
7. Baguettes in je 3 Stücke schneiden und aushöhlen, dann mit der Spinatmischung füllen. Bei Bedarf die Füllung mit dem Stiel eines Holzlöffels andrücken.

TIPP:
Pesto kann man ganz leicht selber machen. Einfach 25 g frische Basilikumblätter, 60 g Sonnenblumenkerne und 4 Knoblauchzehen mit 60 ml Oliven- oder Sonnenblumenöl pürieren.

TIPP:
Das Baguette kann schon vorab gefüllt und am Abend auf dem Grill noch mal erwärmt werden.

Salate

Salate sind beim Grillen längst nicht mehr nur die Beilagen, die man achtlos zur Seite schiebt. Immer mehr Menschen entdecken die kreative Welt der Salate beim veganen Grillen und setzen auf frische, gesunde und geschmackvolle Alternativen. Von knackigem Gemüse über bunte Obstsorten bis hin zu herzhaften Hülsenfrüchten und nussigen Toppings – Salate können beim veganen Grillen zu echten Gaumenfreuden werden.

Ich zeige dir leckere Dressings, köstlichen Zutaten und bunte Salatkreationen, die nicht nur vegan, sondern auch leicht und erfrischend sind. Ob als Vorspeise, Beilage oder Hauptgericht – Salate bieten unendliche Möglichkeiten, um beim Grillfest kulinarische Vielfalt zu präsentieren.

Möhrensalat aus der Algarve

Zutaten

FÜR 4 PORTIONEN

500 g Möhren
1 Limette
½ TL Fenchelsaat
½ TL Koriandersamen
1 TL körniger Senf
3 EL Olivenöl
½ TL schwarzer Sesam
Salz, Pfeffer
4 Stiele Petersilie
200 g veganer Ziegenkäse

1. Möhren putzen, schälen und mit einem Sparschäler längs in Streifen schneiden. In eine Schüssel geben.
2. Limette halbieren und den Saft auspressen.
3. Fenchelsaat und Koriandersamen in einem Mörser grob zerdrücken.
4. Limettensaft in einer Schüssel mit Senf, Olivenöl, Fenchelsaat, Koriandersamen und Sesam zu einem Dressing verrühren und mit Salz und Pfeffer würzen.
5. Petersilie waschen, trocken schütteln und grob hacken. Ziegenkäse zerbröseln.
6. Möhren mit dem Dressing vermengen und mit Petersilie und Käse bestreuen.

Avocado-Kirschtomaten-Salat

Zutaten

FÜR 4 PORTIONEN

Für das Dressing

½ Bund Schnittlauch
100 g veganer Frischkäse
2 TL Zitronensaft
2 TL Mandeldrink

Für den Salat

1 Dose Mais (425 ml)
1 EL vegane Butter
500 g Kirschtomaten
1 Zwiebel
2 Avocados
½ Bund Dill
½ Bund Schnittlauch
2 TL Zitronensaft
Salz, Pfeffer

1. Für das Dressing den Schnittlauch waschen, trocken schütteln und in feine Röllchen schneiden. In einer Schüssel mit den anderen Zutaten verrühren.

2. Für den Salat Mais in ein Sieb abgießen und abtropfen lassen. Butter in einer Pfanne schmelzen und Mais kurz darin braten.

3. Kirschtomaten waschen und halbieren. Zwiebel schälen und fein würfeln. Avocados schälen, entkernen und das Fruchtfleisch würfeln.

4. Kräuter waschen, trocken schütteln, Dill fein hacken und Schnittlauch in feine Röllchen schneiden.

5. Alle Salatzutaten in einer Schüssel vermengen und das Dressing darüber träufeln.

Panzanella-Salat

Zutaten

FÜR 4 PORTIONEN

4 Scheiben Weißbrot oder
Baguette vom Vortag
150 ml Olivenöl
80 g Pinienkerne
4 Tomaten
1 rote Zwiebel
3 Knoblauchzehen
40 g frisches Basilikum
15 g frischer Oregano
60 ml Balsamicoessig
Salz, Pfeffer

1. Backofen auf 180 °C Umluft vorheizen.
2. Brot grob würfeln und in einer Schüssel mit 2 EL Olivenöl vermengen. Brotwürfel auf einem Backblech verteilen und 10–15 Minuten im Ofen rösten, dabei einmal wenden. Herausnehmen und abkühlen lassen.
3. Pinienkerne in einer Pfanne ohne Fettzugabe rösten.
4. Tomaten waschen und würfeln. Zwiebel schälen und fein hacken. Knoblauch schälen und reiben. Basilikum und Oregano waschen, trocken schütteln und grob hacken.
5. Alle vorbereiteten Zutaten in einer Schüssel vermengen, mit Balsamico beträufeln und mit Salz und Pfeffer würzen.

Gurkensalat

Zutaten

FÜR 6 PORTIONEN

4 Gurken
1 TL Salz
80 g vegane saure Sahne
80 g vegane Mayonnaise
½ Bund Dill
1 TL Zucker
1 TL Weißweinessig
schwarzer Pfeffer aus der Mühle

1. Gurken putzen, waschen und mit einem Sparschäler in Streifen schneiden. In einer Schüssel gut mit dem Salz vermengen, dann in ein Sieb füllen und abgedeckt 1 Stunde ruhen lassen, sodass die Gurken Wasser verlieren.
2. Danach Gurken mit einem Küchenpapier trocken tupfen.
3. Saure Sahne und Mayonnaise in einer Schüssel zu einem Dressing verrühren.
4. Dill waschen, trocken schütteln, fein hacken und zum Dressing geben. Mit Zucker und Essig würzen.
5. Gurken unterheben und Salat mit Pfeffer bestreuen.

Nudelsalat

Zutaten

FÜR 4 PORTIONEN

Für den Salat

500 g Vollkornnudeln
1 EL Olivenöl
4 vegane Bockwürstchen
6 Gewürzgurken
1 Tomate
1 Bund Radieschen
1 rote Paprikaschote
1 grüne Paprikaschote
425 g Mais aus der Dose
1 Bund Schnittlauch

Für das Dressing

10 EL Gurkenwasser
5 EL vegane Mayonnaise
5 EL veganer Joghurt
1 EL Apfelessig
1 TL mittelscharfer Senf
2 EL Zitronensaft
Salz, Pfeffer

1. Nudeln in einem Topf mit kochendem Wasser nach Packungsanweisung al dente kochen. In ein Sieb abgießen, kalt abspülen, abtropfen lassen und in einer Schüssel mit dem Olivenöl mischen.

2. Würstchen in Scheiben schneiden. Gewürzgurke würfeln. Tomate und Radieschen putzen und waschen. Tomate würfeln, Radieschen in Scheiben schneiden. Paprika putzen, waschen und in Würfel schneiden. Mais in ein Sieb abgießen. Die vorbereiteten Zutaten mit den Nudeln vermengen.

3. Für das Dressing Gurkenwasser, Mayonnaise, Joghurt, Apfelessig und Senf verrühren. Mit Zitronensaft, Salz und Pfeffer abschmecken.

4. Dressing unter den Salat heben.

5. Schnittlauch waschen, trocken schütteln, in feine Röllchen schneiden und über den Salat streuen.

Kartoffelsalat mit Grillgemüse

Zutaten

FÜR 4 PORTIONEN

Für den Salat

500 g kleine Kartoffeln
6 EL Olivenöl
Salz
1 Zweig Rosmarin
2 Auberginen
1 Zucchini
1 rote Paprikaschote
1 gelbe Paprikaschote
1 Knoblauchzehe

Für das Dressing

2 TL mittelscharfer Senf
1 EL Wasser
2 TL Olivenöl
250 g veganer Joghurt
½ Bund Petersilie
½ Bund Schnittlauch

1. Backofen auf 200 °C Ober-/Unterhitze vorheizen.
2. Kartoffeln gut waschen, je nach Größe halbieren und in einer Schüssel mit 3 EL Olivenöl und Salz vermengen. Kartoffeln auf einem mit Backpapier belegten Backblech verteilen. Rosmarinzweig waschen, trocken schütteln und auf die Kartoffeln legen. Blech in den Ofen schieben und Kartoffeln 20–30 Minuten im Ofen backen.
3. Gemüse waschen, putzen, würfeln und in eine Schüssel geben. Knoblauch schälen und dazupressen. Das restliche Olivenöl untermischen. Gemüse in eine Grillschale füllen und auf indirekter Hitze 10 Minuten grillen (optional 12–15 Minuten im Backofen), dann vom Grill nehmen und abkühlen lassen.
4. Für das Dressing Senf, Wasser, Olivenöl und Joghurt in einer Schüssel verrühren. Petersilie und Schnittlauch waschen, trocken schütteln und fein hacken. Mit dem Dressing verrühren.
5. Kartoffeln und gegrilltes Gemüse in einer Schüssel mit dem Dressing vermischen.

Tomatensalat im Glas

Zutaten

FÜR 4 PORTIONEN

500 g Kirschtomaten
3 Knoblauchzehen
7 EL Olivenöl
1 Ciabattabrötchen
150 g veganer Feta
Salz, Pfeffer
2 EL Wasser
1 Bund Basilikum
1 TL Crema di Balsamico

1. Kirschtomaten waschen und halbieren.
2. Knoblauchzehen schälen und fein hacken. 1 EL Olivenöl in einer Pfanne erhitzen und den Knoblauch darin braten. Ciabattabrötchen in Würfel schneiden, in die Pfanne geben und mitbraten. Dann abkühlen lassen.
3. Feta würfeln.
4. Das restliche Olivenöl in einer Schüssel mit Salz, Pfeffer und Wasser verrühren.
5. Basilikum waschen, trocken schütteln und die Blättchen von den Stielen zupfen.
6. Tomaten, Basilikumblättchen, Feta und Ciabattawürfel in 4 Gläser schichten, dabei immer mit etwas Olivenöldressing beträufeln.
7. Abschließend mit Crema di Balsamico beträufeln.

BBQ-Kichererbsensalat

Zutaten

FÜR 4–6 PORTIONEN

Für den Salat

500 g Kichererbsen aus der Dose
120 ml BBQ-Soße (siehe Seite 107)
1 Kopfsalat
1 Möhre
1 rote Zwiebel
1 Frühlingszwiebel
½ Bund Koriander
400 g Mais aus der Dose

Für das Dressing

80 g Tahini
3 EL Zitronensaft
½ TL Knoblauchpulver
½ TL Zwiebelpulver
½ TL Meersalz
Pfeffer
1 TL getrocknete Petersilie
4 EL Wasser

1. Kichererbsen in ein Sieb abgießen und abtropfen lassen. Mit der BBQ-Soße in eine Pfanne geben und 10 Minuten köcheln lassen, dabei ab und zu umrühren.

2. Kopfsalat waschen, putzen und klein schneiden. Möhre putzen, waschen und raspeln. Zwiebel schälen und würfeln. Frühlingszwiebel waschen, putzen und in feine Ringe schneiden. Koriander waschen, trocken schütteln und hacken. Mais in ein Sieb abgießen und abtropfen lassen.

3. Die vorbereiteten Zutaten auf 4–6 Servierschüsseln verteilen.

4. Für das Dressing alle Zutaten in einer Schüssel mit dem Schneebesen verquirlen, bis eine glatte und cremige Soße entsteht.

5. Den Salat in den Schüsseln mit dem Dressing beträufeln.

Cremiger Brokkolisalat

Zutaten

Für das Dressing
130 g Cashewkerne
180 ml Wasser
3 EL Apfelessig
2 EL Ahornsirup
1 TL Knoblauchpulver
½ TL Meersalz
frisch gemahlener Pfeffer

Für den Salat
1 kg Brokkoli
1 rote Zwiebel
60 g getrocknete Preiselbeeren
120 g vegane Speckwürfel
50 g Sonnenblumenkerne

1. Für das Dressing die Cashewkerne mit dem Wasser in einen Topf geben und 10 Minuten köcheln lassen. In ein Sieb abgießen, abtropfen lassen und mit den anderen Zutaten für das Dressing in einen Standmixer geben und pürieren.

2. Brokkoli putzen, waschen und in Röschen teilen. Zwiebel schälen und würfeln.

3. Brokkoliröschen, Zwiebelwürfel, getrocknete Preiselbeeren und Dressing in eine große Schüssel geben und vermengen. Über Nacht abgedeckt in den Kühlschrank stellen.

4. Brokkolisalat kurz vor dem Servieren aus dem Kühlschrank nehmen.

5. Speckwürfel in einer Pfanne ohne Fett anbraten und mit den Sonnenblumenkernen unter den Brokkoli heben.

Mais-Spinat-Salat

Zutaten

FÜR 4 PORTIONEN

Für den Salat

800 g Mais aus der Dose
2 rote Zwiebeln
50 g Babyspinat

Für das Dressing

30 g frisches Basilikum
1 Knoblauchzehe
2 EL Zitronensaft
1 EL Olivenöl
1 EL Wasser
½ TL Salz
½ TL Pfeffer
110 g vegane Mayonnaise

1. Mais in ein Sieb abgießen und abtropfen lassen. Dann in eine Schüssel umfüllen.

2. Zwiebeln schälen, würfeln und mit dem Mais vermengen. Babyspinat waschen, in Streifen schneiden und zugeben.

3. Für das Dressing das Basilikum waschen, trocken schütteln und in einen Standmixer geben. Den Knoblauch schälen und mit den restlichen Zutaten zufügen. Alles zu einem Dressing mixen.

4. Dressing unter den Salat heben und vermengen. Salat vor dem Servieren mindestens 30 Minuten in den Kühlschrank stellen.

Löwenzahnsalat

Zutaten

FÜR 2 PORTIONEN

400 g Löwenzahnblätter
1 EL Salz + etwas mehr
2 Knoblauchzehen
150 ml Wasser
2 EL Zitronensaft
2 EL Olivenöl
3 EL Apfelessig
Pfeffer
Löwenzahnblüten zur Dekoration

1. Löwenzahnblätter gründlich ausschütteln und für 10 Minuten in eine Schüssel Wasser mit 1 EL Salz legen.

2. Für das Dressing Knoblauch pressen und mit 150 ml Wasser, Salz, Zitronensaft, Essig und Öl verrühren. Mit Pfeffer würzen.

3. Löwenzahnblätter aus dem Wasser nehmen, leicht trocken schütteln und auf Tellern anrichten. Mit Dressing beträufeln.

TIPP:
Löwenzahn ist nicht nur eine schöne Blume, sondern auch ein essbares Wildkraut. Die jungen Blätter können als köstlicher Salat genossen werden und sind reich an wichtigen Nährstoffen wie Vitaminen, Mineralien und Ballaststoffen.

Es ist wichtig, darauf zu achten, dass nur Löwenzahnblätter verwendet werden, die frei von Pestiziden und anderen Chemikalien sind. Es wird empfohlen, Löwenzahn aus dem eigenen Garten oder von einem vertrauenswürdigen Bauernmarkt zu beziehen.

BBQ - Soße
Cocktailsoß

AIOLI

Butter, Dips und Soßen

Butter, Dips und Soßen sind das i-Tüpfelchen beim Grillen und verleihen den Gerichten das gewisse Etwas.

Erfahre in diesem Kapitel, wie du leckere vegane Grillbutter-Alternativen herstellst, wie du raffinierte Dips mit pflanzlichen Basisprodukten zubereitest und wie du würzige Soßen mit verschiedenen Aromen und Texturen abrundest.

Aioli

Zutaten

FÜR CA. 150 G

3 Knoblauchzehen
5 EL Sojadrink
100 ml Pflanzenöl
1 TL Zitronensaft
Salz, Pfeffer

1. Knoblauchzehen schälen und in eine kleine Schüssel pressen.
2. Sojadrink und 1 EL Öl in ein hohes, schmales Gefäß füllen und mit dem Pürierstab vermixen.
3. Das restliche Öl während des Pürierens langsam in einem dünnen Strahl zugießen, bis die Masse dicklich wird.
4. Zitronensaft, Salz, Pfeffer und Knoblauch zugeben und kurz durchmixen.

AIOLI

BBQ - Soße

Cocktailsoße

Zutaten

FÜR CA. 180 G

150 g veganer Joghurt
1 TL mittelscharfer Senf
2 EL Sojasahne
1 TL edelsüßes Paprikapulver
1 TL Tomatenmark
1 TL Weinbrand
1 Prise Chilipulver
Salz, Pfeffer

Alle Zutaten in eine Schüssel geben und gut verrühren.

BBQ-Soße

Zutaten

FÜR CA. 300 G

250 g Ketchup
3 EL brauner Zucker
2 EL Apfelessig
2 EL Sojasoße
1 TL edelsüßes Paprikapulver
½ TL Knoblauchpulver
1 TL scharfer Senf
Salz
1 TL Liquid Smoke

Alle Zutaten in einen Topf geben, einmal aufkochen lassen und dann bei reduzierter Hitze unter Rühren 10 Minuten köcheln lassen.

TIPP:
Liquid Smoke bekommt man in gut sortierten Lebensmittelläden oder über das Internet. Es ist ein Aroma, das aus industriell gereinigtem Rauch hergestellt wird und den Geschmack von geräucherten Lebensmitteln imitiert.

Süße Chilisoße

Zutaten

FÜR CA. 350 G

3 Knoblauchzehen
2 Chilischoten
1 TL Meersalz
180 ml + 2 EL Wasser
120 g Zucker
60 ml Essig
1 EL Speisestärke

1. Knoblauch schälen. Chilischoten putzen, waschen und grob zerkleinern.
2. Alle Zutaten außer Speisestärke und die 2 EL Wasser in einen Standmixer geben und pürieren.
3. Masse in einen Topf umfüllen und aufköcheln lassen, dann unter Rühren bei geringer Hitze 3 Minuten köcheln lassen.
4. Stärke mit dem Wasser in eine Tasse geben und unter Rühren auflösen. In die Soße rühren und 1 Minute mitköcheln lassen, bis die Soße eindickt.

Cashew Sour Cream

Zutaten

FÜR CA. 200 G

125 g Cashewkerne
4 EL Zitronensaft
½ TL Salz
1 TL Hefeflocken
80 ml Wasser

1. Cashewkerne in eine Schüssel geben, mit Wasser bedecken und mindestens 8 Stunden einweichen lassen.
2. Dann Cashewkerne durch ein Sieb abgießen, abspülen und abtropfen lassen. Mit Zitronensaft, Salz, Hefeflocken und Wasser in einem Standmixer pürieren.

TIPP:
Wem die Masse zu flüssig ist, der kann 1 EL Maisstärke zufügen, den Dip in einem Topf zum Kochen bringen und eindicken lassen.

Queso-Dip

Zutaten

FÜR CA. 300 G

1 Kartoffel
1 kleine Süßkartoffel
1 Möhre
1 Zwiebel
1 Knoblauchzehe
700 ml Gemüsebrühe
50 g Sonnenblumenkerne
2 EL Hefeflocken
1 EL Zitronensaft
½ TL Chilipulver
½ TL Salz
¼ TL Pfeffer

1. Kartoffel, Süßkartoffel und Möhre putzen, schälen und würfeln. Zwiebel und Knoblauch schälen und fein hacken.
2. Gemüsebrühe in einem Topf zum Kochen bringen, das Gemüse darin garen, bis es weich ist. Dann durch ein Sieb abseihen, dabei 250 ml Kochwasser auffangen.
3. Gemüse in eine Schüssel geben und mit dem Stabmixer pürieren. Sonnenblumenkerne, Hefeflocken, Zitronensaft, Gewürze und das Kochwasser zugeben und alles zu einem Dip pürieren.

Scharfer Erdnuss-Dip

Zutaten

FÜR CA. 50 G

1 cm frischer Ingwer
5 EL cremige Erdnussbutter
2 EL Sojasoße
2 EL Sojasahne
1 EL Limettensaft
2 EL Agavendicksaft
½ TL Chiliflocken

1. Ingwer schälen, fein reiben und in eine Schüssel geben.
2. Die restlichen Zutaten zufügen und zu einem cremigen Dip verrühren.

Vegane Mayonnaise

Zutaten

FÜR CA. 250 G

3 EL Aquafaba
½ EL Apfelessig
½ EL Zitronensaft
1 TL mittelscharfer Senf
¼ TL Salz
220 ml Rapsöl

1. Aquafaba, Essig, Zitronensaft, Senf und Salz in ein hohes Gefäß geben und mit einem Stabmixer kurz aufmixen.
2. Den Stabmixer auf mittlere Stufe stellen und das Öl langsam zugießen, dabei die Mixgeschwindigkeit sukzessive erhöhen. So lange mixen, bis die Masse dicklich wird.
3. Mayonnaise gegebenenfalls mit Zitronensaft und Apfelessig nachwürzen.

TIPP:
Aquafaba ist das Kochwasser aus der Dose von zum Beispiel Kichererbsen oder weißen Bohnen.

TIPP:
In luftdicht verschlossenen, sterilen Einmachgläsern
hält sich die Soße mehrere Wochen im Kühlschrank.
Sie kann auch gut eingefroren werden.

Olivenpaste

Zutaten

FÜR CA. 220 G

200 g schwarze Oliven, entsteint
3 TL Kräuter der Provence
1 TL Zwiebeln, gefriergetrocknet
1 TL Zitronensaft
30 ml Olivenöl

Für die Olivenpaste alle Zutaten in einen Mixer geben und grob pürieren.

Pizzasoße zum Dippen

Zutaten

FÜR CA. 850 G

5 Knoblauchzehen
½ Bund Basilikum
3 EL Olivenöl
100 g Tomatenmark
700 g passierte Tomaten
1 TL brauner Zucker
2 TL getrockneter Oregano
¼ TL Salz
¼ TL Pfeffer

1. Knoblauch schälen und fein hacken.
2. Basilikum waschen, trocken schütteln und ebenfalls hacken.
3. Öl in einem Topf erhitzen und den Knoblauch darin anbraten.
4. Tomatenmark einrühren und kurz anschwitzen.
5. Passierte Tomaten, Zucker, Basilikum, Oregano, Salz und Pfeffer zugeben und Soße bei mittlerer Hitze unter Rühren 30 Minuten köcheln lassen.
6. Topf vom Herd nehmen und Soße abkühlen lassen.

Kräuter-Knoblauch-Butter

Zutaten

FÜR CA. 150 G

130 g vegane Butter
1 Knoblauchzehe
3 TL gemischte TK-Kräuter
½ TL Zitronenabrieb
½ TL Salz
1 TL Olivenöl

1. Butter aus dem Kühlschrank nehmen und 30 Minuten bei Zimmertemperatur weich werden lassen.
2. Knoblauch schälen und fein hacken.
3. Alle Zutaten in einer Schüssel gut vermengen. Masse auf ein Stück Butterbrotpapier oder Backpapier geben und mit dessen Hilfe zu einer Rolle formen. Das Papier um die Butter rollen, die Enden zusammenbinden und Butter im Kühlschrank fest werden lassen.

Sesam-Chili-Butter

Zutaten

FÜR CA. 150 G

130 vegane Butter
1 rote Chilischote
1 EL schwarzer Sesam
½ TL Salz

1. Butter aus dem Kühlschrank nehmen und 30 Minuten bei Zimmertemperatur weich werden lassen.
2. Chili putzen, waschen und fein hacken.
3. Alle Zutaten in einer Schüssel vermengen. Masse auf ein Stück Butterbrotpapier oder Backpapier geben und mit dessen Hilfe zu einer Rolle formen. Das Papier um die Butter rollen, die Enden zusammenbinden und Butter im Kühlschrank fest werden lassen.

Knoblauch-Kartoffel-Dip

Zutaten

FÜR CA. 525 G

- 500 g Kartoffeln
- 6 Knoblauchzehen
- 2 EL Zitronensaft
- 1 EL Gemüsebrühepulver
- 4 EL Olivenöl
- 1 Stiel frische Petersilie

1. Kartoffeln in Salzwasser weich kochen, dann schälen und grob pürieren. Gemüsebrühepulver in 4 EL heißem Wasser verrühren.
2. Knoblauch pressen und zusammen mit dem Zitronensaft, der Gemüsebrühe und 2 EL Olivenöl untermengen. Petersilie grob hacken. Dip in ein Schälchen füllen, restliches Olivenöl darüber geben und mit Petersilie bestreuen.

Zwiebel-Dip

Zutaten

FÜR CA. 600 G

- 60 g Cashewkerne
- 5 Zwiebeln
- 3 Knoblauchzehen
- 1 rote Paprikaschote
- 2 EL Sonnenblumenöl
- 1 EL Pflanzenmargarine
- 2 EL Agavendicksaft
- 400 g Seidentofu
- 100 ml vegane Sahne
- 1 EL Apfelessig
- 3 EL Hefeflocken
- 1 TL edelsüßes Paprikapulver
- Salz, Pfeffer

1. Cashewkerne 30 Minuten in einer Schüssel mit Wasser einweichen. Dann durch ein Sieb abseihen und abtropfen lassen.
2. Zwiebeln schälen und in Ringe schneiden. Knoblauch schälen und pressen. Paprika waschen, putzen und klein würfeln.
3. Öl und Margarine in einer großen Pfanne erhitzen. Zwiebeln, Knoblauch und Paprika darin anbraten, bis die Zwiebeln glasig sind. Agavendicksaft zugeben und unterrühren. 1 Minute weiterbraten, dann Pfanne vom Herd nehmen.
4. Seidentofu, Cashewkerne, Sahne, Essig, Hefeflocken und Paprikapulver in einem Standmixer pürieren.
5. ⅔ der Zwiebelmischung zugeben und einarbeiten. Mit Salz und Pfeffer abschmecken. Dip in eine Schüssel umfüllen und mit der restlichen Zwiebelmischung garnieren.

Tomaten-Hummus

Zutaten

FÜR CA. 500 G

350 g Kichererbsen aus der Dose
1 Knoblauchknolle
4 EL Olivenöl
125 g getrocknete Tomaten
1 Bund Basilikum
½ Bund Petersilie
2 EL Tahini
2 EL Zitronensaft
½ TL getrockneter Rosmarin
Salz, Pfeffer
½ TL gemahlener Kreuzkümmel

1. Backofen auf 180 °C Ober-/Unterhitze vorheizen.
2. Kichererbsen in ein Sieb abgießen und dabei 60 ml Flüssigkeit auffangen.
3. Knoblauch mit etwas Öl bepinseln, in Alufolie wickeln und 40 Minuten im Ofen garen. Dann herausnehmen, die Haut von den Knoblauchzehen entfernen und diese auskühlen lassen.
4. Tomaten 30 Minuten in eine Schüssel mit warmem Wasser legen, dann durch ein Sieb abgießen.
5. Basilikum und Petersilie waschen, trocken schütteln und getrennt voneinander hacken.
6. Kichererbsen, Tahini, Tomaten, Basilikum, Knoblauch und das restliche Olivenöl in einem Standmixer pürieren. Dabei langsam das Kichererbsenwasser zugießen. Nur so viel zugeben, dass die gewünschte Konsistenz erreicht wird.
7. Masse in eine Schüssel umfüllen und Petersilie, Zitronensaft, Rosmarin, Salz, Pfeffer und Kreuzkümmel unterrühren.

world to eat
the perspective
development
eating habits for
romantic country
Danish bu
products. The
characteristics, and is nigh unto
the Pie (Pie) and thousand laye
cake (Puff) west foods, etc.

Caipirinha-Butter

Zutaten

FÜR CA. 200 G

200 g vegane Butter
2 Bio-Limetten
2 TL brauner Zucker
10 ml Rum
Meersalz

1. Butter aus dem Kühlschrank nehmen und 30 Minuten bei Zimmertemperatur weich werden lassen.
2. Limetten heiß abwaschen, abtrocknen und die Schale abreiben. Von 1 Limette den Saft auspressen. Saft in einem kleinen Topf erhitzen, braunen Zucker zugeben und rühren, bis sich der Zucker vollständig aufgelöst hat. Dann Topf vom Herd nehmen und Mischung auskühlen lassen.
3. Alle Zutaten in einer Schüssel verrühren.

Desserts

Desserts sind nicht nur eine süße Belohnung nach einem gelungenen Grillfest, sondern auch eine köstliche Möglichkeit, das vegane Grillen mit einem Highlight abzurunden. Auch ohne tierische Produkte lassen sich kreative und leckere Desserts zaubern, die vegane Genießer begeistern werden.

In diesem Kapitel dreht sich alles um Desserts für das vegane Grillerlebnis.

Leckere vegane Eiscreme selbst machen, karamellisierte Früchte auf dem Grill zubereiten und mit aromatischen Gewürzen und Soßen den Geschmack deiner Desserts verfeinern.

Ein süßes Finale für jedes Grillfest – ganz ohne tierische Produkte.

Ananas-Basilikum-Sorbet

Zutaten

FÜR 8 PORTIONEN

10 g frische Basilikumblätter
500 g TK-Ananas
25 ml Karottensaft
1 Prise Kurkuma
120 ml Agavendicksaft

1. Basilikum waschen und trocken schütteln.
2. Gefrorene Ananas, Karottensaft, Kurkuma, Agavendicksaft und Basilikum in einen Standmixer geben und pürieren. Masse in eine Kastenform füllen, mit Frischhaltefolie bedecken und über Nacht einfrieren.

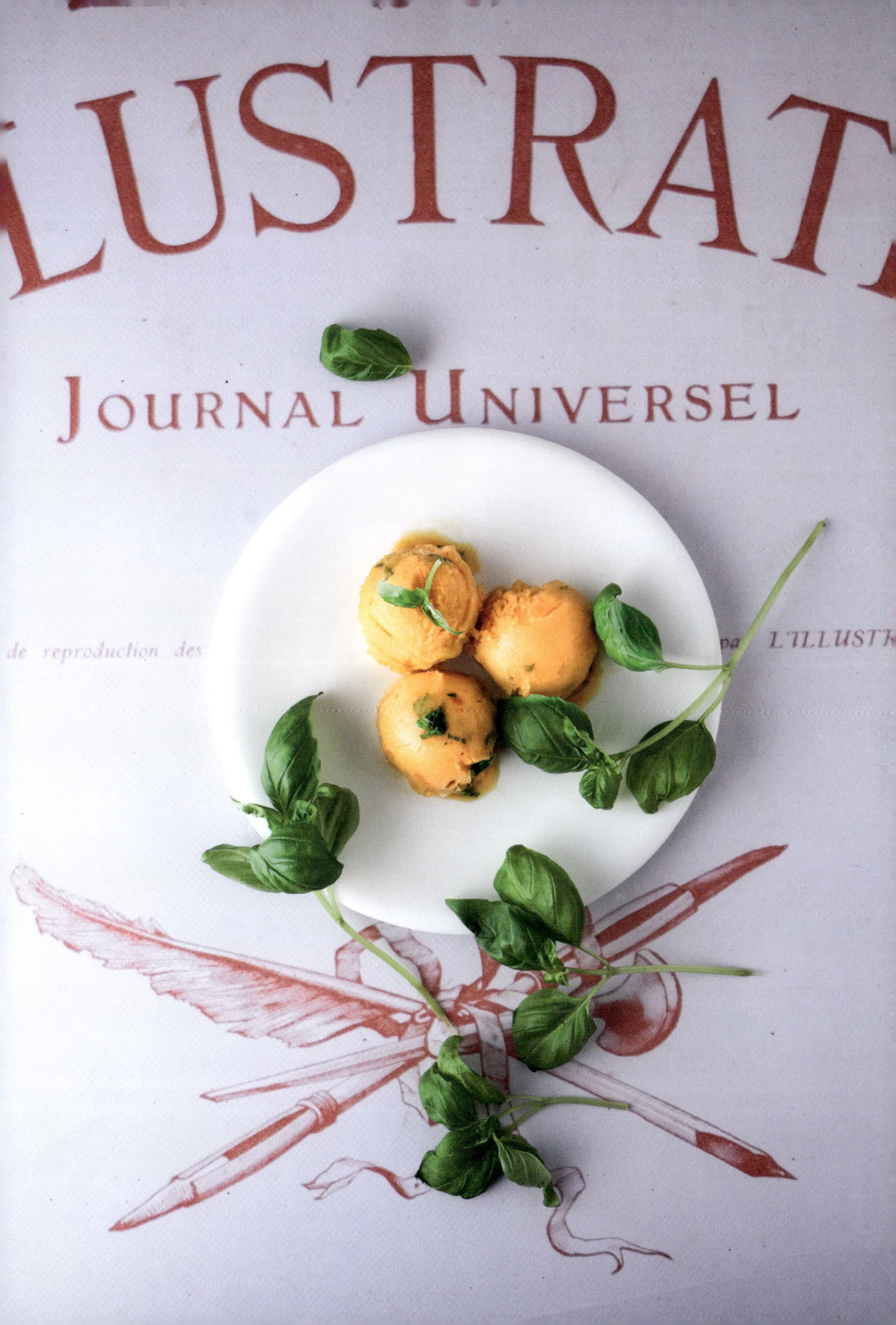
LUSTRAT
JOURNAL UNIVERSEL
de reproduction des
L'ILLUST

Crunchy Grillobst

Zutaten

FÜR 4 PORTIONEN

50 g vegane Butter
2 Nektarinen
½ Ananas
½ Honigmelone
100 g Müsli
50 g Zartbitter-schokoladentropfen
75 g Mehl
50 g Zucker

1. Butter aus dem Kühlschrank nehmen und 30 Minuten bei Zimmertemperatur weich werden lassen.

2. Nektarinen waschen, halbieren und entkernen. Ananas und Honigmelone schälen und in Scheiben schneiden.

3. Müsli, Schokoladentropfen, Mehl, Zucker und Butter in eine Schüssel geben und mit den Händen zu Streuseln verkneten.

4. Früchte auf direkter Hitze von beiden Seiten je 3–5 Minuten grillen und mit den Müslistreuseln servieren.

TIPP:
Dazu passt veganes Vanilleeis (siehe Seite 130).

Veganes Vanilleeis

Zutaten

FÜR 4 PORTIONEN

225 g Cashewkerne
300 ml Mandeldrink
400 ml Kokosmilch
100 g Zucker
75 g Agavensirup
1 TL gemahlene Vanille oder Vanilleextrakt
1 Prise Meersalz
1 TL Xanthan Gum

1. Cashewkerne in eine Schüssel mit heißem Wasser geben und 1 Stunde einweichen lassen. Dann durch ein Sieb abseihen.

2. Alle Zutaten in einen Standmixer geben und pürieren. Masse in die Eismaschine füllen und nach Anleitung zubereiten, dann einfrieren. Ohne Eismaschine Masse in einen Behälter füllen, im Gefrierschrank 10 Stunden einfrieren und dabei in den ersten 4 Stunden stündlich durchrühren.

TIPP:
Xanthan Gum ist ein tolles Verdickungsmittel, um die Textur eines Eises zu verbessern und die Bildung von Eiskristallen zu verhindern.

Veganes Kokoseis

Zutaten

FÜR 4 PORTIONEN

400 ml Kokosmilch
100 g Zucker
200 ml Sojasahne
1 TL Johannisbrotkernmehl
1 TL Vanilleextrakt
3 EL Kokosraspel

1. Kokosmilch in einem Topf erwärmen, Zucker unterrühren und Masse so lange köcheln lassen, bis sich der Zucker vollständig aufgelöst hat. Topf vom Herd nehmen und Sojasahne einrühren.

2. Johannisbrotkernmehl und Vanille zugeben und Masse mit dem Handrührgerät 2 Minuten aufschlagen. Dann die Kokosraspel unterheben.

3. Masse in die Eismaschine füllen, nach Anleitung zubereiten und einfrieren. Ohne Eismaschine Masse in einen Behälter füllen, im Gefrierschrank 10 Stunden einfrieren und dabei in den ersten 4 Stunden stündlich durchrühren.

Gegrillter Beeren-Crumble

Zutaten

FÜR 4 PORTIONEN

80 g Pflanzenmargarine
500 g gemischte TK-Beeren
50 g Haferflocken
80 g brauner Zucker
1 TL Vanilleextrakt
100 g Mehl
1 Prise Salz
20 ml Amaretto

1. Eine ofenfeste Form mit etwas Margarine einfetten. Die TK-Beeren in der Form verteilen.
2. Die restlichen Zutaten in eine Schüssel geben und mit der Hand zu Streuseln verkneten. Streusel auf die Beeren geben.
3. Form auf den Grillrost stellen und Crumble bei geschlossenem Deckel auf indirekter Hitze in 20–25 Minuten goldbraun grillen.

Obstpäckchen

Zutaten

FÜR 4 PORTIONEN

2 Bananen
2 Äpfel
4 Pfirsiche
100 g Heidelbeeren
Saft von ½ Zitrone
2 TL Vanilleextrakt
100 g Nussmix
150 g Zartbitter-schokoladendrops
veganes Vanilleeis (siehe Seite 130)

1. Bananen schälen und in Scheiben schneiden. Äpfel und Pfirsiche waschen, entkernen und würfeln. Heidelbeeren verlesen und waschen.

2. Obst in eine Schüssel geben und mit Zitronensaft und Vanille vermischen.

3. Nüsse grob hacken und unterheben.

4. 4 Bögen Backpapier bereitlegen und das Obst darauf verteilen. Schokodrops darüberstreuen. Die Ecken des Backpapiers jeweils zusammenfassen, Päckchen formen und mit Küchengarn verschließen.

5. Obstpäckchen auf dem Grill bei geringer indirekter Hitze 5 Minuten grillen.

6. Päckchen öffnen und mit Eis servieren.

Gegrillte Ananas mit Karamell

Zutaten

FÜR 4 PORTIONEN

400 g Zucker
125 g Pflanzenmargarine
200 ml Sojadrink
1 EL Meersalz
1 Ananas
1 Bio-Limette
2 TL Zuckersirup (siehe Seite 148)
veganes Kokoseis (siehe Seite 131, optional)
Kokoschips

1. Zucker in eine Pfanne geben und unter Rühren schmelzen und leicht braun werden lassen. Dann die Margarine einrühren. Sobald die Margarine geschmolzen ist, Pfanne vom Herd nehmen und langsam den Sojadrink und das Salz untermischen. Danach Masse auskühlen lassen.
2. Ananas schälen und 4 dicke Scheiben herausschneiden.
3. Limette heiß abwaschen, abtrocknen, die Schale abreiben und den Saft auspressen.
4. Limettensaft mit dem Zuckersirup verrühren und die Ananasscheiben damit einpinseln. Ananasscheiben von jeder Seite bei direkter Hitze 2 Minuten grillen.
5. Mit Karamellsoße und/oder Kokoseis und Kokoschips servieren. Vor dem Servieren mit dem Limettenabrieb bestreuen.

Sommerdrinks

An heißen Sommertagen gibt es kaum etwas Erfrischenderes als einen leckeren Sommerdrink, der perfekt zu einem entspannten Grillfest passt.

In diesem Kapitel dreht sich alles um Sommerdrinks beim veganen Grillen.

Cheers auf einen genussvollen Sommer mit erfrischenden Getränken!

Ruc-Rocket

Zutaten

FÜR 1 PORTION

1 Handvoll Rucola
30 ml Tequila
1 EL Kräuterlikör
2 EL Grapefruitsaft
1 EL Limettensaft
1 EL Zuckersirup (siehe Seite 148)
Eiswürfel
Mineralwasser zum Auffüllen

1. Rucola waschen, trocken schütteln und grob hacken.
2. Mit Tequila, Kräuterlikör, Grapefruit- und Limettensaft, Sirup und ein paar Eiswürfeln in einen Shaker geben und gut durchschütteln.
3. 1 Glas mit Eiswürfeln bestücken, die Flüssigkeit aus dem Shaker abseihen, zugießen und Glas mit Mineralwasser auffüllen.

Koriander-Bellini

Zutaten

FÜR 4–6 PORTIONEN

½ Wassermelone
2 Bio-Limetten
Eiswürfel
750 ml Prosecco
3 EL Koriandersirup
(siehe unten)

1. Melone schälen, das Fruchtfleisch in einer Schüssel mit dem Stabmixer pürieren, dann durch ein Sieb abseihen und dabei die Flüssigkeit auffangen.
2. Limetten heiß abwaschen, abtrocknen und in Scheiben schneiden.
3. Eiswürfel in eine Karaffe füllen, den Wassermelonensaft zugießen und die Limettenscheiben zugeben.
4. Mit dem Prosecco auffüllen und den Koriandersirup einrühren.

Koriandersirup

Der Koriandersirup ist vielseitig verwendbar und schmeckt in Cocktails ebenso gut wie mit Mineralwasser oder auf Desserts.

Zutaten

FÜR CA. 150 ML

1 EL Koriandersamen
100 g Zucker
100 ml Wasser
1 EL Vanilleextrakt

1. Koriandersamen in einem Mörser zerstoßen
2. Alle Zutaten in einen Topf geben und bei mittlerer Hitze unter Rühren köcheln lassen, bis sich der Zucker vollständig aufgelöst hat.
3. Topf vom Herd nehmen. Flüssigkeit über Nacht durchziehen lassen, dann durch ein Sieb abseihen, auffangen und umfüllen.

Grill-Smoothie

Zutaten

FÜR 4–6 PORTIONEN

2 Orangen
2 EL Zucker
½ Wassermelone
2 Bananen
500 g Erdbeeren

1. Orangen halbieren. Etwas Zucker auf die Schnittflächen der Orangen und der Wassermelone streuen.
2. Obst mit der Schnittfläche nach unten bei direkter Hitze auf den Grillrost legen und 2 Minuten grillen. Bananen mit Schale grillen, bis sie schwarz sind.
3. Schale der Wassermelone entfernen. Orangen und Bananen schälen.
4. Erdbeeren entstielen und waschen.
5. Alle Zutaten in einen Standmixer geben und pürieren.

Lava-Cocktail

Zutaten

FÜR 2 PORTIONEN

10 Erdbeeren
10 Himbeeren
50 ml weißer Rum
1 Banane
120 ml Ananassaft
50 ml Kokosmilch
Eiswürfel oder
Crushed Ice

1. Erd- und Himbeeren waschen und entstielen. Mit dem weißen Rum in einem Standmixer pürieren, dann in einen Behälter umfüllen.
2. Banane schälen und mit Ananassaft und Kokosmilch ebenfalls pürieren.
3. Eiswürfel in 2 Gläser füllen und die Ananasmischung zugießen. Dann die Beerenmischung darauf verteilen.

Gegrillte Margarita

Zutaten

FÜR 2 PORTIONEN

2 Bio-Limetten
4 TL Zucker
90 ml weißer Tequila
20 ml Limettensaft
20 ml Zitronensaft
60 ml Zuckersirup (siehe Tipp)
Eiswürfel

1. Limetten heiß abwaschen, abtrocknen und in Scheiben schneiden. Scheiben von beiden Seiten mit Zucker bestreuen, dann auf dem Grillrost bei direkter Hitze 10 Minuten grillen, dabei ab und zu wenden.

2. Tequila, Limetten-, Zitronensaft und Zuckersirup in einen Cocktailshaker geben und gut durchschütteln. Flüssigkeit in 2 mit Eiswürfeln gefüllte Gläser abseihen und mit den gegrillten Limettenscheiben servieren.

TIPP:
Zuckersirup kann man ganz einfach selber machen. Dazu 300 g Zucker mit 200 ml Wasser in einen Topf geben, unter Rühren aufkochen und dann bei mittlerer Hitze so lange köcheln lassen, bis sich der Zucker vollständig aufgelöst hat.

Erdbeerlimonade

Zutaten

FÜR 1 PORTION

10 Erdbeeren
1 Zweig Minze
250 ml Wasser
3 EL Zitronensaft
1 TL Rosenwasser
4 TL Rohrzucker
Eiswürfel

1. Erdbeeren waschen, entstielen und in einem Standmixer pürieren.
2. Minze waschen und trocken schütteln.
3. Alle Zutaten bis auf die Minze in einen Shaker geben und gut durchmixen. Flüssigkeit in ein Glas mit Eiswürfeln abseihen und Limonade mit Minze garnieren.

Kirsch-Bourbon-Cola-Smash

Zutaten

FÜR 2 PORTIONEN

20 ml Kirschsaft
60 ml Bourbon
30 ml Kirschwasser
Saft von ½ Limette
Eiswürfel
kalte Cola zum Auffüllen
2 Limettenscheiben

1. Kirschsaft, Bourbon, Kirschwasser und Limettensaft in einen Shaker geben und gut durchschütteln.
2. Eiswürfel in 2 Gläser geben, die Flüssigkeit aus dem Shaker in die Gläser verteilen und mit Cola auffüllen. Mit Limettenscheiben garnieren.

Frozen Brombeermilch

Zutaten

FÜR 4 PORTIONEN

450 g TK-Brombeeren
200 g Crushed Ice
125 ml Kokosmilch
2 EL Limettensaft
50 ml Zuckersirup
(siehe Seite 148)
180 ml weißer Rum
1 Zweig Minze

1. Ein paar gefrorene Brombeeren zum Garnieren beiseitelegen. Die restlichen mit dem Eis, der Kokosmilch, dem Limettensaft, Sirup und Rum in eine Küchenmaschine geben und pürieren.

2. Minze waschen und die Blättchen abzupfen.

3. Brombeermilch auf 4 Gläser verteilen, mit den restlichen Brombeeren und Minzblättern garnieren.

Zutatenregister

I

J

K

L

M

N

O

P

R

S

T

V

W

Z